Thomas Plaßmann

Cartoons von oben

camino.

Thomas Plaßmann

Geboren 1960, Studium der Geschichte und Germanistik, Ausbildung zum Tischler; verheiratet, drei Kinder; lebt in Essen.

Seit 1987 arbeitet er als freischaffender Cartoonist und Illustrator, ist Karikaturist bei verschiedenen Tageszeitungen (u. a. Frankfurter Rundschau, Neue Ruhr Zeitung, Berliner Zeitung, Westfälischer Rundschau) und etlichen Kirchenzeitungen, Zeitschriften und Fachpublikationen, wie auch beteiligt an vielen Buchprojekten und Ausstellungen.

Thomas Plaßmann erhielt zahlreiche Auszeichnungen, darunter die »Spitze Feder« des Bundesverbandes der Deutschen Zeitungsverleger sowie mehrmals (zuletzt 2014) den Deutschen Preis für Politische Karikatur »Der Künstlerische Strich«.

Inhalt

Ein Wort zuvor

Thomas Plaßmanns Karikaturen haben durch ihre Gesellschaftskritik in Feder und Farbe inzwischen Kultcharakter – in der tagespolitischen Presse, wie auch zahlreichen Zeitschriften und Fachpublikationen, Ausstellungen und Buchprojekten.

Umso mehr freut es uns, in diesem Buch eine Sammlung seiner »Cartoons von oben« zu veröffentlichen. Hier erleben Pastor Kleinschmidt und das Ehepaar Plaumann aus der Pfarrei St. Agnes alles hautnah, was Gott und die Welt da draußen im Kleinen wie im Großen bewegt, erregt und erschüttert. Die Cartoons zeigen Wirklichkeiten in Glauben, Christsein und Kirche, die mit dem Blick des scharfsinnigen Karikaturisten plötzlich neue, überraschende Konturen gewinnen.

Dabei kommt jeder auf seine Kosten: Kirchenkritiker werden herzhaft lachen, wenn dem »hohlen« Christsein der Kirche (auch in ihren Schaltstellen) eine Clownsnase verpasst wird. Und die tapferen Christen im Hause Gottes erkennen sich im messerscharfen, aber nie unbarmherzigen Blick des Cartoonisten wieder.

Thomas Plaßmanns Karikaturen bestechen vor allem durch seinen weitherzigen und zugleich gnadenlos ehrlichen Blick. Seine Stärke liegt darin, die karikierten Personen nicht zu verurteilen, sondern »reale« Situationen mit einer Portion deftigen Humors einfach zu spiegeln. So gelingt es ihm, den Blick für Missstände zu schärfen und zugleich Mitstreiter seines Anliegens zu werben: sich nicht einfach mit allem abzufinden!

»In die Kirche!?
Tante Mechthild!
Ich bin noch
keine Dreißig!«

In Zukunft glaub ich dran
oder Gottes Haus im Trend der Zeit

ZEITENWANDEL

PASTOR KLEINSCHMIDT...MOMENTE DER HERAUSFORDERUNG

„BRÜDER UND SCHWESTERN IM GLAUBEN"...

KIRCHE AUF DEM WEG

UMBAUKOSTEN

EIN KANTOR FÜR ALLE

ST.AGNES ... SONNTAGSHUMOR

19

21

RÜCKZUG INS PRIVATE ... TREND SETZT SICH FORT

NACHFOLGE

»Er ist Christ!
Wetten?«

Tapferer Bekennermut
oder Gott kriegt die Krise

ER IST CHRIST! WETTEN?
HALT ICH GEGEN! WÜRD MAN DOCH IRGENDWIE MERKEN!
T. PLAßMANN

GEMEINE THEKENTRICKS IV

DIASPORA ... WACHSENDE WEITEN

DER WIND WIRD RAUER!

33

37

MARIENMONAT

TANTUM ERGO

41

43

HILDE PLAUMANN... EKLAT IN ST. AGNES

»... ab sofort 30 Prozent Frauenquote in Spitzengremien von Großunternehmen ...«

Wir sehen Schwarz
oder Auf zum pastoralen Harakiri!

QUOTEN-HUMOR

camino. Geschenkhefte

Geschenkhefte sind die wertige Alternative zur Grußkarte.

 **NEU**

Petrus Ceelen
**Ich bin da
für dich**

978-3-96157-000-3

 **NEU**

Pierre Stutz
**Gehalten in
zerbrechlichen
Momenten**

978-3-96157-001-0

Eva-Maria Leiber
**Eure Liebe ist ein
Segen**

978-3-460-50024-2

Rainer Haak
**Ein Engel sei
auf deinen Wegen**

978-3-460-50026-6

Alle Geschenkhefte zeichnet aus

¬ von erfahrenen spirituellen Autoren verfasst,

¬ großzügiger Inhalt: 32 Seiten, Format 14,5 x 19 cm,

¬ durchgehend farbig gestaltet, zahlreiche Fotografien,

¬ **€ [D] 3,99 / € [A] 4,20**

Gemischte Staffelpreise

ab 10 Expl.	€ [D] 3,80 / € [A] 4,–	ab 50 Expl.	€ [D] 3,30 / € [A] 3,40
ab 20 Expl.	€ [D] 3,60 / € [A] 3,80	ab 100 Expl.	€ [D] 2,99 / € [A] 3,10

Pierre Stutz
**Eine Kerze brennt
für dich**
Licht in Tagen
schwerer Krankheit

978-3-460-50018-1

Roland Breitenbach
Stefan Philipps
**Der Segen des
Himmels
sei dein Begleiter**

978-3-460-50008-2

Ute Elisabeth
Mordhorst
**Ein Lächeln
schenk ich dir
zum Geburtstag**

978-3-460-50009-9

Christa Spilling-Nöker
**Willkommen
Menschenkind!
Zum frohen Ereignis**

978-3-460-50010-5

Gabriele Hartlieb
**Danke sage ich
von Herzen**

978-3-460-50025-9

Pierre Stutz
**Leise getragen
in deiner Trauer**

978-3-460-50007-5

Psalm 27,8a

40-6050**4**-00005-6

Psalm 36,6

40-6050**4**-00003-2

Offenbarung 21,6b

40-6050**4**-00001-8

1 Korinther 13,13

40-6050**4**-00002-5

Die typografisch gestalteten Bibelverse
verschönern nicht nur Grußkarten und
Notizbücher. Gestalten Sie Ihr eigenes
Brief- und Geschenkpapier, Tischkärtchen,
Kalender, Stofftaschen … Der Kreativität
sind keine Grenzen gesetzt!

Je Stempel:

¬ ca. 6 x 4,5 x 7,5 cm

¬ ca. € [D] 7,95 / € [A] 7,95

NEU

Numeri 6,24

40-6050**4**-00004-9

Psalm 91,11

40-6050**4**-00006-3

camino.

gemeinsam auf dem Weg

Unsere Lesetipps aus dem camino.-Programm erhalten
Sie in Ihrer Buchhandlung oder direkt bei camino. im
Verlag KBW GmbH, Silberburgstraße 121, 70176 Stuttgart
Online unter www.bibelwerk-impuls.de
Telefonisch 0711/6 19 20-26 oder -37

Preisstand: Juli 2017 Irrtum/Änderung vorbehalten.   Titelbild: © PPAMPictures/iStock.co

Freuen Sie sich auf

unsere Lesetipps aus dem camino.-Programm.
Inspirierende Glaubenszeugnisse, aktuelle Sachbücher, zeitgenössische
Spiritualität und ausdrucksstarke Geschenkbücher von profilierten
und prominenten Autoren erwarten Sie. Weitere Lesetipps finden Sie
unter www.caminobuch.de

camino.
gemeinsam auf dem Weg

Aktuelle
Lesetipps

Thomas Plaßmann
Woran glaubst du denn so?
Cartoons von oben

ca. 21,5 x 17,5 cm;
ca. 96 Seiten farbige
Abbildungen,
gebunden
ca. **€ [D] 12,90**
ca. **€ [A] 13,30**
978-3-96**157-018**-8

Neue Cartoons mit Kultcharakter zu aktuellen (kirchen-)politischen und gesellschaftlichen Themen.

Anna-Katharina
Stahl (Ill.)
Klostergärten

ca. 23 x 24 cm;
ca. 64 Seiten;
kartoniert
ca. **€ [D] 12,95**
ca. **€ [A] 13,40**
978-3-96**157-016**-4

Über 30 Ausmalvorlagen entführen in eine Welt der Blüten, Gräser, Früchte und Heilpflanzen und lassen innerlich zur Ruhe kommen.

Anna-Katharina
Stahl (Ill.)
Lieblingsverse aus der Bibel – Psalmen

ca. 23 x 24 cm;
ca. 64 Seiten;
kartoniert
ca. **€ [D] 12,95**
ca. **€ [A] 13,40**
978-3-96**157-015**-7

In diesem Band hat Anna-Katharina Stahl die schönsten Verse aus dem Buch der Psalmen zum Ausmalen gestaltet.

So Jahre Vaticanum

51

53

54

FAMILIENSYNODE · VORBEREITUNGEN LAUFEN

MECHTHILD K. .... SONNTAGSHUMOR

FRANZISKUSRÖSCHEN

DA ERHOB SICH VOM HIMMEL HER EIN BRAUSEN...

ST AGNES .. GLAUBENSGESPRÄCHE

PFARRER KLEINSCHMIDT, LEICHT GEFRUSTET

AB IN DEN URLAUB

»Muss ja ein echter Knaller sein,
eure Frohe Botschaft!«

Messdiener und eigentlich
ganz normal *oder* Versteh
einer die Alten

CHRISTEN?! JA..NU..
SICHER! ..ALSO..
IRGENDWIE SCHON!..
MUSS JA EIN ECHTER KNALLER SEIN, EURE FROHE BOTSCHAFT!
T.PLAßMANN

MODERN TIMES

71

73

ABLÖSUNG

STIMULIERENDES UMFELD

MUTPROBE

81

PASTOR KLEINSCHMIDTS SCHWERE STUNDEN

PASTOR KLEINSCHMIDT'S NERVEN

FROHBOTSCHAFT

FROHE BOTSCHAFT

NEULICH IN St. AGNES

»Original ans Christkind, Sicherheitskopie an den Weihnachtsmann«

Christsein feiern
oder Das Beste sind die Feste

DIESER GESCHENKERUMMEL!!! DAS IST DOCH NUN WIRKLICH NICHT DER SINN DES WEIHNACHTSFESTES!!!
SCHON WIEDER!!
ICH BEGINNE MIR ERNSTLICH SORGEN ZU MACHEN!!

ALLE JAHRE WIEDER

93

NEULICH IM EINKAUFSZENTRUM

WEIHNACHTSGESCHICHTE

FEST DER LIEBE (N)

PLAUMANNS FASTENTRICKS

105

107

Ein CAMINO-Buch aus der
© Verlag Katholisches Bibelwerk GmbH, Stuttgart 2016
Alle Rechte vorbehalten
© an den Zeichnungen: Thomas Plaßmann
3. Auflage 2017

Gesamtgestaltung: wunderlichundweigand
unter Verwendung von Karikaturen von Thomas Plaßmann
Herstellung: Finidr s.r.o., Český Těšín
Printed in the Czech Republic

ISBN 978-3-460-50027-3